鉄道博物館

　鉄道の街、大宮に 2007 年に開業した「てっぱく」こと鉄道博物館には「一号機関車」を含む歴史的な蒸気機関車が 6 輌保存されている。もともとは東京のど真ん中、万世橋にあった交通博物館が発展移転したもので、C57135 と下の 4 輌はそこから引継いだ。もと大宮のヤードだった部分に建てられ、すぐ脇を本線が走っており、線路も繋がっていて搬入等も可能だ。

　C51 は青梅鉄道公園からやってきたもので、その青梅鉄道公園は、1962 年に「鉄道開業 90 周年」の記念事業として開園した公園形式の展示施設。明治期の古典機関車や「ハチロク」「キュウロク」の若番機、さらには、C11 と E10 型などが展示されている。

鉄道博物館にはわが国鉄最後の旅客営業運転を行なった C57135 をはじめ、6 輌の蒸気機関車が保存展示されている。右上の館内一階中央のターンテーブル上に C57135(1940 年、三菱重工業製)、右頁下左から「一号機関車」150（1871 年、英ヴァルカン・ファウンドリイ社製)、「弁慶」7101（1880 年、米ポーター社製)、9856（1912 年、独ヘンシェル製)、左は「善光」1292（1881 年、英マニング社製)、C51 5（1920 年、鉄道省浜松工場製)。いずれも館内で一部は客車などを従え、ディスプレイされている。

青梅鉄道公園

青梅鉄道公園には歴史的な機関車を含め、8輌の蒸気機関車が保存転移されている。左上はD51452(1940年、汽車会社製)、中段は左から110（1871年、英ヨークシャ社製）、5540（1897年、英ベイヤー・ピーコック社製）、2221（1905年、英ノース・ブリティッシュ社製）、下段は9608（1913年、川崎造船所製）、C11 1（1932年、汽車会社製）、8620（1914年、汽車会社製）、右頁はE10 2（1948年、汽車会社製）。わが国最後の新製蒸気機関車である。

東京の
保存蒸気機関車

左上は靖国神社「遊就館」内に保存されている C5631。タイから帰還した C56 としては、大井川鐵道の C5644 が有名だが、この C5631 も同じ経緯の持ち主。左中は TV 等でも有名な新橋駅前の C11292。長く播但線にいた機関車だ。左下の D51231 は上野の国立科学博物館に保存されているもので、国鉄長野工場製、北海道の追分区にいた。右上は 7 のナンバーを付け西武鉄道 7 として展示されているが、最後は傍系の上武鉄道で使われていた。1897 年、米ピッツバーグ社製のもと阪鶴鉄道→国鉄 2851 だった。右中は西新井公園の C5766。動輪を動かす仕掛けが組込まれていた。右下は世田谷公園に保存されている D51272。「小工式デフ」を装着し、ホーム状の線路に、車掌車とともに展示される。

上の C5757 は世田谷の大蔵運動公園に展示
されているもの。片側にはキャブに入れるよ
う階段が付けられており、こどもたちのアイ
ドルになっている。下左は東向島の「東武博
物館」に保存される 5 号機。国鉄 5500 型な
どと同系の 2B テンダ機。原型に近く復元保
存されている。博物館の向かい側には晩年の
姿の同型嬉 6 号機がある（次ページ）。右段
は上から、府中市民健康センター交通公園に
ある D51296、昭和鉄道高校の西武鉄道 3、
羽村市立動物公園の C58395。西武鉄道 3 は
1891 年英ダブス社製の 1B1 タンク機で、大
阪鉄道 6 号機として活躍、国有化されて国
鉄 220 を名乗ったもの。全長が短く、ワル
シャート式ヴァルヴギアを持っているのが特
徴。C58 は長く北海道で使われた戦後型だ。

東京の保存蒸気機関車

機関車番号	保存場所		最寄り駅	記事
C5631	千代田区九段下	靖国神社境内	JR 中央線 市ヶ谷	タイ国鉄 725
C11292	港区新橋 2-7	新橋駅西口	JR 山手線 新橋	
D51231	台東区上野公園 7-20	上野国立科学博物館	JR 山手線 上野	
西武鉄道 7	品川区東品川 3-14	東品川公園	京急本線 新馬場	国鉄 2851
C5766	大田区大森北 4-27-3	荒井西児童公園	JR 京浜東北線 大森	
D51428	大田区南雪谷 5-13-1	東調布公園	東急池上線 御嶽山	
東武鉄道 34	大田区萩中 3	萩中児童交通公園	京急空港線 大鳥居	1914 年、英ピーコック
C5757	世田谷区大蔵 4-6-1	大蔵運動公園	東急田園都市線 二子玉川からバス	
D51272	世田谷区池尻 1-5-27	世田谷公園	東急田園都市線 池尻大橋	
C11368	中野区中野 2-9-7	中野文化センター	JR 中央線 中野	
D51254	杉並区成田西 1-22-13	杉並児童交通公園	京王井の頭線 浜田山	
西武鉄道 3	豊島区池袋本町	昭和鉄道高校	東武東上線 北池袋	国鉄 220
C58407	豊島区南大塚 3-27-1	大塚台公園	都電荒川線 向原	
D51853	北区王子 1-1-3	飛鳥山公園	都電荒川線 飛鳥山	
東武鉄道 1	板橋区坂下 2-19-1	城北交通公園	都営三田線 蓮根	1912 年、コッペル
D51513	板橋区坂下 2-19-1	城北交通公園	都営三田線 蓮根	
東武鉄道 5	墨田区東向島 4-28	東武博物館	東武 東向島	1898 年、英ピーコック
東武鉄道 6	墨田区東向島 2-37	東武博物館	東武 東向島	1898 年、英ピーコック
C5075	足立区鹿浜 3 丁目	北鹿浜公園	舎人ライナー 西新井大師西	
D51502	葛飾区西亀有 1-27-1	上千葉砂浜公園	JR 常磐線 亀有	
D51296	府中市矢崎町 5-5	府中市民健康センター交通遊園	JR 南武線 府中本町	
D51451	昭島市東町 5-11-43	昭和公園	JR 青梅線 東中神	
D51862	町田市中町 2-13-23	さるびあ図書館	小田急小田原線 町田	
C57186	小金井市桜町 3	小金井公園	西武新宿線 花小金井	
C58395	羽村市羽 羽村市立動物公園		JR 青梅線 羽村	

「公園機関車」と呼ばれる保存機関車は保存したまではいいけれど、のちのちいい状態で保つのはなかなか難しい。整備されないままに荒廃し、ついには解体されてしまった例も少なくない。左の写真は D51684 で、東村山市運動公園にあったのだが、2019 年に解体。

特集1

東京で見られた蒸機
1960年代 ＠東京

D51 重連がやって来る

■ 八王子からの小さな旅

　後に見えるのはNTTの赤白の鉄塔。これが八王子の駅からホンの数百m、中央本線から八高線が分岐していく地点。まさに八王子に到着しようとしている八高線上り貨物列車だ。D51、それも重連でやってくるこの迫力のシーンが東京で見ることができた事実に、いまさらに感動を憶える。

　八王子機関区にはEF11型、ED61型などに混じってD51やC58、そして8620型までが待機していたし、15分ほどディーゼルカーに揺られた先の拝島には、大宮から川越線経由でやって来た9600型もいたりした。いうまでもなく、拝島は立川から青梅線の電車でも行くことができ、学校帰りの寄り道圏内、であった。

　かくして天気がいいといっては拝島に行き、雪が降ったといっては拝島に行く、そんな楽しみのスポットになっていたものだ。拝島からさらに八高線を下って行くと金子～東飯能間で「金子坂」「入間川橋りょう」といった鉄道写真の名所にも行くことができた。

　思い返してみれば、初めて列車写真を撮ることだけを目的に行ったのも、身近かな金子坂だったかもしれない。なん時間か、ひたすら列車を待って、D51の列車を数本撮って意気揚々と帰ってきた。

　そんないろいろを振り返ってみても、東京には意外なほど蒸気機関車の情景が残されていたものだ、と思う。金子坂の線路を俯瞰し、ここにいる非日常を感じながらも、昨日も一昨日もこの時間は教室で授業だったんだなあ、その間も毎日蒸機列車は走っていた、こんな情景が繰り広げられていたのだ、と口惜しく思ったりしたのだった。

015

　先に書いておこう。この二枚の写真はハーフサ
イズのカメラ、オリンパス・ペンで撮ったもので
ある。小学校に入った時にプレゼントされた「S」
も付かない、f3.5レンズのただのペン。いつもポ
ケットに忍ばせて、時に自転車で写真撮りに遠征
したりした、初めて手に入れた愛機、である。
　川釣りに出掛ける父親のクルマに便乗、八高線
入間川鉄橋脇で降ろしてもらって付近を歩いた。

　もちろん何時にどんな列車がくるかも解っては
いない。蒸気機関車なのかディーゼルカーなのか、
そのときは蒸気機関車よりも新型の恰好のよい電
車やディーゼルカーの方が興味を惹く存在だった
年頃である。
　もちろん自動露出などではなく、露出計さえ無
いカメラ。ビギナーズラックで、空の明るさで綺
麗なシルエット写真ができていた。

D51、C58 の牽く旅客列車
■ 高尾行の「節分臨」

　勢いよく煙を吐きながら、EF11 の牽く貨物列車の脇を走り抜けようとしているのは D51 の牽く旅客列車。1960 年代末の八王子駅の情景だ。

　高崎方面から八高線を経由して高尾山の節分詣でのための団体専用臨時列車が運転された。つまり「節分臨」である。八王子〜高尾間は中央線 101 系電車の間を縫って、D51 の或いは C58 の牽く旅客列車が走ったのである。

　本当に蒸気機関車の牽く客車列車などやってくるのであろうか。最初の時は情報は聞いていたもののまだ信じられない面持ちでいた。八王寺駅、ホームの端で待つことしばし。左上の写真、左側から八高線線路が合流するとそのまま渡り線を渡って、八王子のレンガ庫の脇を通過し、中央線の線路に進入してきた。八王子駅にも停車することなく、高尾を目指して走り去っていったのであった。

　その後、単機で八王子に回送されてきた D51 はターンテーブルで向きを変え、ふたたび高尾に戻って帰路の列車を牽いてもと来た道を引き返していった。7 輌編成のオハ 61 系客車は参拝客で満席状態である。華やいだ雰囲気で充満しているのだった。

017

■「金子坂」のこと

　八高線金子〜飯能間、5.1km の間に 20 パーミルを含むアップダウンがつづく「金子坂」は、東京近郊の名撮影地として知られるところであった。しばらく線路は切り通しの間を走るのだが、一瞬東側が開けた区間がある。そこで反対側の斜面を登って、サイドヴュウを狙えるポイントがあった。

　八高線の貨物列車、高麗川の工場から運び出されるセメント列車などを撮影しに幾度も通ったポイントである。

　1968 年 2 月 4 日、そこで「節分臨」を待った。やってきたのは高崎第一区の C58 が牽く列車であった。前年は D51 の牽く列車を追い掛けて、下の写真のように高尾駅まで付合ったが、こん回は「金子坂」で見送っておしまい。余韻を楽しみながら、駅まで 30 分ほどを掛けて歩いて戻ったのであった。

■ 上野、三河島、日暮里…

　… そう、思い返してみれば、東京でもいろいろなところでまだまだ蒸気機関車の姿を見ることができたのだ。

　上野駅に向かって走る C62 の牽く「はつかり」なんて写真を先輩のアルバムで見せてもらったときは、とても羨ましく思ったけれど、1962 年 10 月末には常磐線「水戸電化」が完成して常磐線はローズ色の電車（401 系ね）が走りはじめていた。それでも、我孫子から成田線に直通する列車が残っており、その最後である 1969 年 3 月まで、上野駅ではまだ石炭の薫りがただよう時間があった。

　その後、半年と経たずして、もうひとつの東京発の蒸気機関車牽引旅客列車だった両国発の房総方面列車が最後を迎える。当時の房総東線、のちの外房線経由勝浦行を牽いた C57 が最後だった。越中島で知られる貨物線を走る D51 牽引の列車は翌 1970 年 3 月まで見ることができたようだが、ついぞ訪問のチャンスはなかった。

　というのも国立の学校に通っていたことから、下町の方までいくより先に、もっと身近かに蒸気機関車の情景に出遇うことができる、という理由もあった。そもそも、電車通学できるという魂胆で片道 2 時間近く掛けて通うようにしたことでもあり、C12 の牽く貨物列車の走る南武線、国分寺には時折入換え用の 8620 がやってくる中央線を楽しんだ。後者は八王子機関区のもので、その基地である八王子区までいけば八高線、横浜線で働く D51 と C58、高崎第一区からやってくる D51 などを見ることができた。さらに青梅線か八高線を使って拝島まで足を伸ばすと、川越線経由で顔を見せる大宮区の 9600 がいたりしたものだ。

　というわけで、1960年代末までは比較的身近かで煙が存在していたのである。ところが、その最晩年の記録が意外に少なかったりする。それは、やっと撮影行で遠くまでいくことができるようになった（年齢的に、資金的に）ことも影響している。時間と資金さえあればどこかに出掛けていた、そんな印象であった。

　上の写真は成田線、我孫子から直通して上野にやって来ていたC58が、列車もろとも推進運転で尾久に回送していくシーンだ。日暮里の陸橋から撮影したこの写真、東京で毎日こんな情景が繰り広げられていたとは。

　知らなかった事実を目の当たりにした驚きとともに、佳き時代だったことを思い出したりするのである。

38671
（横）

D51508
（岩）

C57114
（田）

■ 品川、田端、尾久、両国…

　左の三枚は上から品川、田端、尾久。それぞれ機関区で出遇った機関車である。

　品川の「ハチロク」は所属機関車ではなく、横浜区から出張してきたもので、どうやら入換え用の DD13 の代役だったのか、それとも築地市場へ向かう途中かもしれない。この 38671 は大宮区、新小岩区など近郊で過ごしたのち、1950 年代からは横浜区にあった機関車である。この後、1968 年には佐倉区、さらには水戸区と移って 1970 年に水戸で廃車になっている。

　D51508 は大宮工場製1940 年製の製番 21 というもの。田端区を皮切りに尾久区、新小岩区など首都圏を渡り歩いた機関車である。1969 年に安全側線に突入するという事故を起こし、その年の 7 月には廃車になっている。

　C57114 は戦後尾久区、田端区と移動、1965 年 3 月の田端区持ちの成田線直通の客レの最終列車を牽引した。その後佐倉区に移動し、1969 年 3 月 15 日、成田線無煙化のさよなら列車 825 レ牽引の経歴を持つ。

　右ページは両国駅で 1968 年 8 月に撮影したもの。両国には 1969 年 8 月まで旅客列車が走っており、最後の蒸機牽引都内乗り入れ定期列車として 222 レを牽いたのも C57114 であった。

　都内に乗入れる旅客列車は申し合わせたかのように 1960 年代の終わりとともに姿を消し、保存列車を除けば、その翌年、1970 年正月に運転された高尾山詣の「節分臨」が最後だった、といわれる。

023

1967 年 3 月、田端区で撮影した C58 8.。メインロッドが外されていた。

川越線、大宮機関区の
9600

026

9600 の里

　東京近郊で蒸気機関車が見られる。それも「大正の名機」と呼ばれた 9600 型「キュウロク」が列車を牽いて走る。朝夕には通勤通学客のための客車列車も見ることができるというのだから、貴重な路線にちがいなかった。

　大宮を起点として川越を経由して八高線の高麗川に至る、川越線は埼玉県南部を東西に結ぶ 30.6km の路線だ。歴史的にはかなり特殊な経緯を持つ路線で、軍事的理由で東京を経由せずに東北線と中央線を結ぶバイパス路線という使命を持って建設された。1940 年 7 月に全線が一気に開通した。

　もちろん、当時はそんなことなど知る由もなく、ただただ「キュウロク」見たさに足を運んでいた。

　朝、7 時 21 分、日進駅発。それが「朝の客レ」822 レである。じつは、東京世田谷に住む小生にとって、朝一番、始発の東急玉川線電車を使っても、822 レに間に合うのは大宮駅のとなり、日進駅がぎりぎり、であった。それも右の写真、日進駅で交換する 829D でやってくるしかない。

　或る日のこと、日進駅に着いてみると 822 レはまだ到着していない。遅れている、という。一目散で走って走って、駅の手前 20‰登り勾配で捉えることができた。息を切らしただけのことはある、奇跡の 1 カットだ。

028

夕方の下り列車、821レは大宮発17時29分発。それに乗ってどこかで写真を撮ろうと考えた。途中駅は特別大きな変化もなく、川越まで来てしまった。17時57分着、18時03分発だから撮影するには日没の限界だ。意を決して構内の隅で発車を待った。

　左のような普通の発車シーンを後追いしたのだが、思いのほか長い編成。咄嗟に列車を半分やり過ごして右のカットを狙うことにした。ポイント転轍機のランプ、腕木式信号機がいいアクセントになって、気持ちのいい写真になった。

　都内に乗入れる蒸気機関車牽引旅客列車が引退するよりホンの少しだけ遅れて、川越線の旅客列車は1969年9月に引退した。クルマを手に入れるのがぎりぎり間に合った。最後の最後は心置きなく夜明け前に出発して、荒川橋りょうまで列車を迎えに行ったりすることもできた。

　いまでは全線電化されて、直通の通勤電車が走ったりしている川越線。「キュウロク」の牽く旅客列車など、遠い遠いむかしの思い出のなかを走るのみ、ということだろうか。

　結局、旅客列車を追い掛けるのがほとんどで、川越線の貨物列車は満足に撮影していなかったことに、いま頃になって気付いた。

川越線は普通の貨物列車のほか、高麗川のセメント工場からの製品輸送や原料輸送の列車も運転されていた。いくつかの列車は高麗川から八高線に乗入れ、東飯能や拝島まで足を伸ばしていた。右は早朝の荒川橋りょうを行く822レ。

朝の上り列車、822レは始発の高麗川駅発が6時25分。クルマを使っていけば難なくその時間に行くこともできた。30キロポスト、高麗川駅を出て八高線から分かれて右に大きくカーヴする地点で朝の列車を待った。

　大宮まで1時間と少し。こんな通学列車だったらどんなに楽しいことだろう。そんな考えは旅人だからいえることで、じっさいに利用しているひとはそんなこと、思いもしなかっただろうか。それにしても7輌もの客車を牽いて「キュウロク」が走るシーンは、なかなか見ることのできない貴重な姿であったことはまちがいない。近かっただけに、あまり行くことのないまま終わってしまった。ちょっとした後悔が残っている、というわけだ。

左は高麗川駅から数百メートル、八高線と分かれてカーヴする地点で、822レを待った。ここで撮影して指扇〜南古谷間の荒川橋りょうまでは充分に追いつける距離だ。途中の川越などは素通りして、余裕を持って列車の登場を待つことができた。白い煙をたなびかせて「キュウロク」は堂々、川越線の看板列車を牽いて通過していったのだった。

034

9600 @ 大宮機関区

　石造りの堂々とした機関庫からも想像できるように、大宮機関区の歴史は旧い。国鉄時代の大宮工場があり、「鉄道博物館」がつくられたことでも知れるように、大宮は鉄道の街として栄えてきた。そもそも日本鉄道の手によって大宮に駅がつくられたのは　1885（明治18）年3月。その9年後の1894（明治27）年10月に日本鉄道の車輌メインテナンスを受け持つ「業務部汽車課」として創設、間もなく大宮工場に独立改称された。

　大宮の機関庫はそれよりさらに9年後の1903（明治36）年9月に開設されている。すでに仙台方面、高崎方面に線路を延ばしていた日本鉄道が、その接続点に設けた車輌基地。最寄りに工場もあったのだから、まさしく設立当初から主要ポイントだったのであった。

　1906（明治39）年11月に日本鉄道は国有化されるのだが、東北本線、高崎線は幹線として発展、重要な基地である大宮のポジションに変わりはなかった。昭和に入ってからも1927（昭和2）年に8月に大宮操車場がつくられるなどして、ますます存在感を大きくしたのだった。

　1940（昭和15）年7月には大宮〜高麗川間の川越線が開通、その川越線用の9600型、広大なヤードの入換えなどにD51型が重用され、1960年代、30輌近くの蒸気機関車が配属されていた。

9600型

「キュウロク」の愛称で親しまれる大正の名機。貨物用機関車として784輌もが量産された。大宮区には川越線用と入換え用とで10輌以上の9600型が配属されていた。デフレクターのあるなし、エアタンクの位置などスタイルはまちまち。四つ角の煙室扉ハンドル、嵩上げされたドームなどが共通の特徴。

9684　　　　　　　19604
9687

9684は1915年川崎造船所製、製番223という「四桁ナンバー」。戦前にも大宮にいたことがあるが、戦後は新鶴見区、田端区などを経て、1962年2月に大宮区に。さらに1969年5月には高崎第一区に移動。1970年2月に高崎で廃車。二枚窓キャブ、化粧煙突など、クラシカルな印象の「キュウロク」だった。

特徴的な低いデフを持つ9687は1915年川崎造船所製、製番226。戦後は長く北海道は五稜郭区にいて、1965年9月に大宮に移動、大宮で1969年11月に廃車になった。正面のナンバープレート位置が低い。廃車後は川口市児童文化センターに保存。

19604は1916年川崎造船所製、製番269。秋田、新庄など東北で過ごし、戦後は長く北海道は五稜郭区にいて、1956年7月に大宮に移動、大宮で1967年8月に廃車。正面のナンバープレートが型式入りで、人気があった。一時デフを付けていた。

29669

29669 は 1919 年川崎造船所製、製番 437。戦前は長く大宮区にいた。戦後は新鶴見区に配属され、1967 年 7 月に再び大宮区に。大宮区の無煙化が迫った 1969 年 5 月には平区に移動。その年の 10 月には旭川区へと移る。1975 年 6 月に旭川で廃車。動力逆転器付、一枚窓のキャブであった。

29680 は 1919 年の川崎造船所製、製番 448。田端区などを経て 1954 年 9 月に大宮に移動、大宮区無煙化後の 1969 年 10 月に西舞鶴区に移り、1971 年 11 月に廃車。美しい化粧煙突を残す。

29680

「キュウロク」という機関車は数ある国鉄制式機のなかでも、独特のプロポーションの持ち主だ。中心位置の高いボイラーに、ぺちゃんこに潰されたような煙突とドームが取り付き、ずんぐりむっくりとした印象を与える。その無骨さがいかにも貨物用機関車らしい、と語られてきたものだ。

大宮機関区の 9600 型は全部で両手にあまる数（1965 年：14 輌、1969 年：13 輌）が配属されていた。川越線の客貨列車のほか入換えにも使われていた。

29683

29683 は 1919 年川崎造船所製、製番 451。四角いデフ付で、化粧煙突、左側のエアタンクは前方に付く。川越線ディーゼル化に伴い、1969 年9 月に大宮から高崎第一区に、さらに 1970 年 3月には帯広区に移動。1973 年に廃車になった。

29697 は 1919 年川崎造船所製、製番 465。デフ付、パイプ煙突で煙突後方に四角い箱状の排気マフラーらしきものがある。エアタンクは中央のランニングボード上。戦後は長く大宮にあり、大宮区のまま 1969 年 11 月に廃車されてしまった。

29697

　デフのあるものないもの、そのデフも大型のもの背の低いもの。エアタンクの位置も前方、中央、キャブ直前の火室脇といろいろ、それによってランニングボードも二段になったりする。キャブ側窓も、テンダーも… と見ていくとそれこそ千差万別、1 輛ごとにヴァラエティに富んでいる。
　共通して四つ角の煙室扉ハンドル、ドームの嵩が上げられているのが大宮機関区配属 9600 に共通する特徴、となっていた。

39692

39692 は 1920 年川崎造船所製、製番 545。化粧煙突が残り、大きな四角いデフレクターが付く。戦後は長く大宮区にいた機関車で、1967 年 8 月に大宮区で廃車になった。標識灯が上下に付く。

49613 は 1920 年川崎造船所製、製番 566。完成後はずっと岩見沢、戦後は秋田区、新鶴見区などを経て、田端区から 1967 年 7 月に大宮に移動してきた。1969 年 10 月に北見区に移り、1971 年 8 月に廃車。デフなし、キャブ側窓が一枚窓だ。

49613

49649

49649 は 1920 年川崎造船所製、製番 602。戦前は長く北海道にいた機関車で、1956 年 6 月に稚内区から大宮区に移ってきた。デフなし、化粧煙突、エアタンクはキャブ前。移動が多く、1967 年 7 月には大宮区から米沢区に移動するが、そのときはデフ付だった。さらに 1972 年 3 月には名寄区に移動、そのまま 1975 年 2 月に名寄で廃車。

59654 は 1922 年川崎造船所製、製番 756。戦後はずっと大宮にあって、1968 年 12 月に廃車。エアタンクを中央に装着した二段ランニングボード。デフなしで、動力逆転機が付けられている。

59654

それにしても同じ機関区にありながら、ナンバープレートの位置がまちまちなのは何故だろう。9687 のように低い位置だと顔付きがちがって見える。同じく低い位置なのに、型式入りプレートの 19604 はほとんど違和感なく見えるのも面白い。

もうひとつ、前照灯脇のステイに取付けられた標識灯。取り外し可能なので、付けられていないものもあるが、普通はデッキ上に付けられていたりするのが、こんな高い位置にあるのは、ちょっと他では見られないものであった。

69636

59674

79627

59674 は 1922 年川崎造船所製、製番 776。誕生以来品川区、新鶴見区など首都圏内を移動し、1955 年大宮区に移った。大きな四角いデフには点検窓も付いていない。化粧煙突が残る。大宮から 1969 年 10 月には岩見沢第一区に移動。1971 年 4 月には稚内区に。1975 年 3 月に稚内で廃車。

69636 は 1922 年川崎造船所製、製番 838。戦後はずっと大宮にあって、一時、高崎第二区に移動後、1950 年に大宮区に戻って 1969 年 11 月に廃車。9 月には川越線の無煙化さよなら列車を牽引した。低いデフ付で、エアタンクは左側が前で右側が中央に据えられている、一段ランボード。

79661

79627 は 1924 年川崎造船所製、製番 979。デフなし、二段ランボード。戦前にも大宮区に在籍。戦後、いち時期茅ヶ崎区に移動するも、1955 年に大宮区に戻る。さらに 1969 年 3 月には富山第一区に移動。1970 年 6 月に富山で廃車になった。

79661 は 1926 年川崎造船所製、製番 1096。大きな四角いデフが付き、化粧煙突、二段ランボードで動力式逆転機が付いている。誕生後はずっと大宮にあったが、1968 年 8 月に高崎第一区に移動し、そこで 1970 年 4 月に廃車宣告を受けた。

79665

79665 は 1926 年川崎造船所製、製番 1100。
誕生後はずっと大宮にあって、1969 年 5 月に廃
車。シールドビーム前照灯が最大の特徴。四角い
点検窓なしのデフレクターが付けられていた。

特集2

魅惑の流線型
玉電200

東急玉川線デハ200

東急玉川線に「新車」、それも飛び切り新しい電車が加わったのは 1955 年のこと。電車に乗りたい、といってわざわざ隣町の幼稚園をねだったイノウエ、である。好きな車輌が来るまでなん本か遅らせて帰ることもたびたび。駅まで迎えのバア様を心配させたそうな。

　濃緑とクリームだった車体色に、塗装試験なのか赤一色に塗られたデハ 80 型、たしか 104〜106 の 3 輌だったが、106 が特にお気に入りで

あった。一度だけ、黒い貨物電車がやってきて、目を丸くしたのを憶えている。なにはともあれ、幼稚園の往き帰りはブランコ遊びなどとは較べものにならないほどの楽しみのひと時。そんな幼稚園児の前に現われた「新車」、それも流線型のいままでに見たこともないような電車なのだから、その興奮振りは想像にあまりある、というものだ。

　その後、読んだ「鉄道車輌 401 集」（機芸出版社、1960 年）の赤井哲郎さんの名文を読めば、目を見張ったのは幼稚園児だけでないことが解ろう。

　「昭和 25 年、かのデハ 80 によって路面電車のスタイルに新風を吹き込んだ玉電は、今や吾国路面電車界に革命の嵐を捲き起こさんとしている。

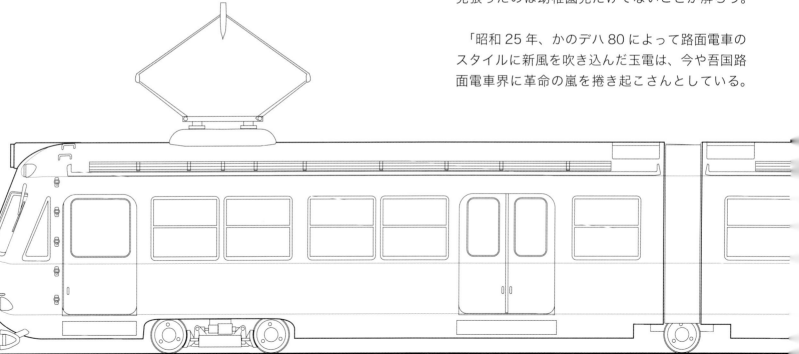

メーカーは東急車輌。デビュウは6月下旬。★SB56年版に図面掲載」

　その「SB」こと「TMSスタイルブック」ものちのち手に入れて、その電車のユニークきわまりないスタイリングを堪能した。

　話を戻して、ひと目見たその日から一番のお気に入りはその「新車」、200になった。向こうに200の姿が見えたら一目散で停留所に駆け出したし、お馴染みのデハ80はやり過ごし、200を期待して次の電車を待ったりしたものだ。もちろん見た目も大きくちがうのだが、乗り心地をはじめすべてがちがった。

　いつもの電車はガーガーと唸り音だったのに「新車」はヒューンと軽やかに加速した。

　いつもの電車はピーポーという警笛だったのに「新車」はファオーンだった。

　いつもの電車は運転手さんや車掌さんが手でドアを開けていたのに「新車」は自動で開いた。

　「新車」は運転席のとなりに特等席といっていいようなシートがあった。車体が丸いものだから、最前部の端の部分が狭くなっている。オトナだったらその部分少し空けて座るわけで、それをいいことに幼稚園児はその特等席にちょこなんと座らせてもらうのを得意としていた。

　かくして、しっかり五感に「新車」の魅力を焼き付けられしまった幼稚園児は、三つ子の魂なのか、いまだ玉電200には特別な思いを捨て切れないでいる、というわけだ。

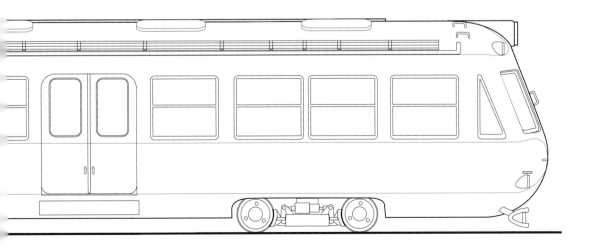

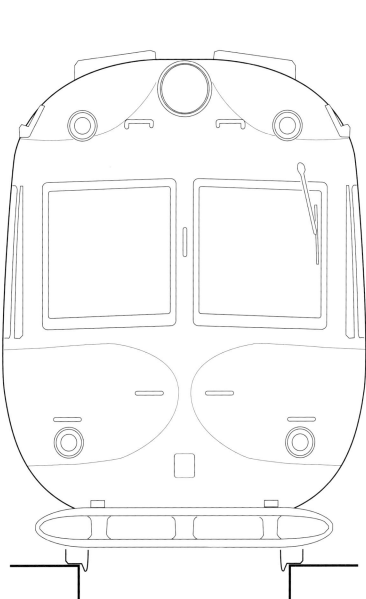

幼稚園児の直感はかなり正しいものであった。

それまでの74.6kWモーター2基の釣掛け式だったデハ80に対し、平行カルダン式、つまり車軸と平行方向に回転軸を持つように配置された各台車2基の38kWモーターから、車輪径が510mmと小径であることから間にアイドラーギアを挟んで車輪に伝達される。走行音のちがいはそのメカニズムのちがいを忠実に表わしているのだった。なお、このモーターは発電ブレーキとしても対応するようになっている。

確かめたわけではないけれど、のちのち走らせたフェラーリに装着されているフィアム社製のエアホーンは、懐かしくも200の「ファオーン」音を思い起こさせてくれた。運転手さんが足踏みで鳴らす200のそれも余韻の残る音であった。

それにしても、200のドアは絶妙のレイアウトだ。1060mmの片開き、1300mmの両開きドアを左右互い違いに配置した片側3ドア。ドアが開くと同時に飛び出してくるステップともどもエア作動である。

ただひとつ、見誤っていたのはあとにつづくものがなかった、こと。確かに見たこともないような「新車」ではあったけれど、これほどまでに独創的で際立った存在でありつづけているとは。

もっともっと写真を撮る、記録をしておけばよかった。いまも悔やんでいることだ。

「玉電」のこと

　東急玉川線、いわゆる「玉電」の愛称で親しまれていた路線は、渋谷から二子玉川園に至る路面軌道、途中の三軒茶屋から分岐して下高井戸に至る専用軌道、それと二子玉川園〜砧間の支線からなる1372mm軌間、16.3kmの総称であった。

　そもそも明治、19世紀の末期に鉄道敷設が申請された時の出願者は「玉川砂利電氣鐵道」であったことからも知れるように、そもそもは建設用に使われる多摩川の砂利を都心部に運ぶのが第一目的の鉄道であった。

　1907（明治40）年、まずは渋谷〜玉川間で開業したときには玉川電気鉄道に改名されていたが、砂利運搬と大山街道沿いの旅客輸送が目的であることに変わりはなかった。その後、当初の1067mmから1372mmに改軌、路線延長を果たし、昭和初期には渋谷を通過して中目黒〜溝ノ口間を直通運転した。多摩川を併用軌道で渡り、さらには東京市電との乗入れも行なっていた。

　1930年代にはのちの東急電鉄傘下に入り、1943年に二子玉川〜溝ノ口間は再改軌のうえ、大井町線に編入され、一方、渋谷から先は東京都に譲渡し、都電の線路となった。

　こうして戦後は、われわれのよく知る「玉電」の線路に至ったわけで、すでに砂利の採取は終了、地元の足として親しまれていたのだった。

玉川線の車輌は、当初こそ木造、Wルーフのデハ1、デハ20型であったが、昭和のはじめ、線路延長に際して増備されたデハ30型は、早くも鋼製車体のボギー車であった。その後、デハ40、60、70型と増備がつづき、1950年に画期的なデハ80型に至る。

デハ80は、まず81〜86が日立製作所と東急車輌(当時は東急横浜製作所)で製造、その後、残っていた旧式な木造車体のデハ1、デハ20などを車体新製することでデハ80型として再生、最終的にはデハ108まで28輌が揃って「玉電」の中核を占めていた。大きな窓を持つスタイリッシュな出立ちで、路面電車に旋風を巻き込んだ。

そんななかに登場してきたデハ200なのだが、まったく異次元の存在。大仰にいえば別世界からやってきたのりもの、という印象なのであった。

　デハ200の乗り心地は、ひと口でいえば
とてもソフトだ。朝、一番電車を使って撮影
に出掛けたりすることがあったが、立ってい
るひとがいないときなど、つり革が揺れて網
棚に当たってカチャカチャ音を立てるくらい
ロールする。好き嫌いはあるかもしれないが、
小生はそのソフトな乗り心地がじつに心地よ
かった。

　あくまでも気分の話だが、小径車輪故にト
ルクがありそうな感じで加速していく。あた
かも航空機のような車体と、それがマッチし
て、路面電車らしからぬ巡行気分が味わえた。

　いつだったか、大橋車庫を訪ねたとき、ちょ
うど200型の大掛りなメインテナンスが行
なわれていた。外された台車やパンタグラフ
までもが別々に置かれていて、観察するチャ
ンスがあった。

　床が低いことをはじめとして、独創的であ
るが故にメインテナンスも「特別」なことが
多く、また共通部品も少なくて大変だという
ような話を訊いた。なるほど、デハ200は
大変な意欲作として注目を浴びたのに、のち
に増備されたデハ150型は常識的で、どち
らかというとコストダウンも図ったようなも
のだった、といまさらに思ったりする。

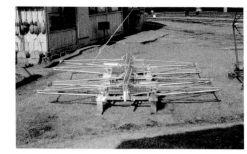

　取外されたデハ200の台車。写真上と右、動力台車のTS302は小径車輪にうまくモーターが収まっている印象。車輪が上方に抜けるようになっているのもめずらしい。左の中間一軸のTS501は特別の台座に置かれている。インボード・タイプのブレーキが付けられているようだ。いまならもっと詳しく観察するだろうに、まだ知識がなかったのが口惜しい。上のパンタグラフはまるで模型のよう。

059

玉電200はどこまでも「特別」であった。右の写真、並んでいる3本の停車位置標、「2・連・1」と描かれている。2輌連結、連接車、1輌のそれぞれの停車位置を示したものだ。

最晩年、200の運用はずいぶん減っていたようで、慌てて一所懸命に写真を撮りはじめたときには、なかなか200と遭遇する機会が減っていた。あまりに身近かにあったおかげで、すっかり疎かになってしまっていたのだ。

1960年代のおしまいの頃、鉄道環境は大きく変化し、追われるように日本中を走り回っていた時期だった。

　ヒューンというサウンドとともに停留所に 200 が停まる。
プシューッと音がして開くドア。それと同時に足元のステッ
プも飛び出してくる。床は低いのだが、車体下部が大きくす
ぼまっているので、そのためのステップなのだった。
　人が乗込むたびにゆらゆら揺れるほどソフトなサスペン
ション。ああ、もう一度体験したいなあ。

「玉電」廃止！ そんな噂が立ったのは 1960 年代も
後半になった頃だろうか。自動車の普及によって路面
電車に対する風当たりが一斉に強まった。東京都電も
廃止の方針が打ち出され、玉川線もそれに歩調を合わ
せるかのような気配が感じられたりした。
　昭和 43 年 8 月の新聞で、それは伝えられた。「玉
電」が走っている国道 246 号線上に首都高速三号線
を建設し東名高速道路とつなぐ、そして地下には新玉
川線を建設し、都心方面、また溝ノ口から先の郊外を
結ぶルートが具体化することになったことが告げられ
た。残された時間は 1 年足らず。
　そうはいっても、なかなか「玉電」に向かう時間は
つくれないままであった。いや、半分は目を向けたく
ない気持ちがあったかもしれぬ。だって、幼稚園の時
に乗りたくて通園に使った電車、だ。そうした身近か
な当り前の存在が消えてしまう… 考えられないこと
だし、考えたくもないことであった。
　そんな気持ちだったうえに、あっちでもこっちでも
ローカル線が廃止になる、蒸気機関車が引退する、暗
いニューズに追い立てられるように走り回っていた時
期、である。切羽詰まった気持ちで「玉電」を追い掛
けた。残念なことに、最晩年、200 は休みがちだった
ようで、待ってもなかなかやって来はしなかった。最
終日前、「花電車」の飾付けも見に行ったが、それも
60 型であった。デハ 200 は控え目に最後まで働いて、
なにごともなかったかのように消えていった。

1969 年 5 月 ——「玉電」200 は闇のなかに消えていった…

「Oゲージ」の流線型 玉電200

「乗ったことも一回か二回、そんなに馴染みがあったわけではないのだけれど、やはりあのスタイリングを見ていたら、無性につくりたくなって…」

小野直宣先生は、多くのモデルを真鍮でスクラッチする。一枚の板から切り抜いて、曲げて半田で組上げていく。普通の模型好きだったら怖じ気づいてしまいそうな、曲面豊かな流線型も、先生の手に掛かればみごとに再現されてしまう。基本的には真っ向から形づくっていくのだが、一方でアイディア一杯の工夫も凝らされていて、思わず目を見張ってしまう。

「この連接部分の幌、なんでつくったと思う？ 奥さんの靴下なの。ふふふ、内緒で切り刻んじゃった」

と、ニコニコ微笑みながら話してくださる。

小野直宣

著者にとってずっと背中を見てきた趣味人の先輩。長くイラストレーションの仕事をされ、クルマの外観図やカメラなどの透視図に秀作を残す。鉄道模型を趣味とされ、「Oゲージ」の作品を数多く手掛ける。ほとんどが真鍮のスクラッチというのがすごい。

「Oゲージ」、それもオールドファンには懐かしい「三線式」の線路が、先生のアトリエ二階の座敷を一周している。1/45、ご覧のようにひと抱えもあるビッグサイズである。

なにからなにまで、ほぼすべて手づくりのスクラッチ。さっきの工夫のつづきは随所にみられる。車輪も16番ゲージ（1/80）の電気機関車の車輪をふたつくっつけて厚くし、それにフランジを加えることで自作したもの。さすが「Oゲージ」サイズ、モーターは室内にはみ出すことなく、台車の内側にきれいに収まっている。左の写真で車輪後方に小さく見えているのは「三線式」の集電用ローラーである。モーターの配線などは屋根裏にすっぽり収め、ちゃんとえんじ色のシートが実物通りにつくり込まれている。

一番の見せどころである流線型の「顔」部分は、最初に木型をつくり、それに真鍮板をあてて叩き出している。窓の部分、腰から下の部分、それに屋根部分と3ピースの構成だ、という。

「つくりかけた最初の頃に、保存してある実物を見に行ったの。室内とかいろいろ観察して… そのときも、実際に走っている時にもっと乗ったりしておけばよかった、って思ったね。スタイルだけじゃなくて、走り振りも独特だったんだってね」

そうそう、実物はいまも田園都市線宮崎台駅の「電車とバスの博物館」に保存されている。先生のモデルも、その保存車の番号204が付けられていた。

「結局なんだかんだで10年近くつくりつづけていたなあ。でも、工作が好きだから、長く楽しめた、ってコトなんだけれどね」

と笑う。そして迫力の走りを見せてくれたのだった。

あとがきに代えて

　身近かなものこそ疎かになってしまう。昨今のケータイでな
んでもカシャカシャという時代とは異なり、ちゃんとカメラを
持って、撮影後もフィルムを現像して、さらに紙焼きしてよう
やく写真を撮った実感が湧くというような時代だった。半ズボ
ンのポケットを小型カメラでパンパンに膨らませて自転車で通
う小学生、そんなスタートだった鉄道写真だから、身近かなも
のにもそこそこ目を向けていた自覚がある。

　それでもなぜだか、一番身近かな存在だった「玉電」には意
外なほど写真が残っていない。本格的に写真を撮りはじめた頃、
どこかに写真撮影に出掛けたりするとき、まず「玉電」に乗っ
て渋谷に出て… ということが多かった。

　目的地に着いてどういう写真を撮ろうか、など先のことで頭
がいっぱいだったから、まずその第一歩の「玉電」には目が向
かなかったのだろう。まさしく冒頭の、身近かなものこそ…
ということなのかもしれない、いまさらに思ったりする。

　それでも、室内写真や台車の分解写真など、いまとなっては
貴重な記録だったと自画自賛することもあるのだが。

　それらの多くは、模型をつくりたい、という「目的」があっ
たからにほかあるまい。室内の座席の配置は？ 連結面の床は
どうなっている？ もちろんわれわれは唯の趣味人だから、見
ることのできる範囲は自ずと限られている。それでも、むかし
は大らかだったというか、親切に趣味人を招き入れてくれたり
した。

　そうそう、先輩方に

「みんな親切で、写真自体がめずらしかったから、一枚記念
写真を撮ってあげれば、とても喜んでもらえた。お礼代わりに、
機関車を運転させてくれたこともあった」

などという話を聞いて驚いたことがあったが、決してウソで
はないだろうな、と思ったりした。そんな時代もあったのだ。

＊　　　　　＊　　　　　＊

　最初の頃こそ東京近郊の鉄道しか行けなかったこともあっ
て、八高線や川越線などに出掛けたが、そのうち外泊が可能に
なってからというもの、行動範囲が飛躍的に大きくなった。と
いうことは、その分、身近かなところに行く機会がうんと減っ
た、ということになる。

　なにしろ行ってみたいところ、見てみたい鉄道情景は山ほど
あった。そしてそれらは、「鉄道近代化」の掛声のもと、大き
く変貌を遂げようとしていた。

それこそ北海道から九州まで、時間と財布の余裕がある限り走り回った。いくつもの機関車、いくつもの鉄道情景、素晴しい出遇いの連続で息もつけないほど、であった。とにかくいまは消えゆく情景を記録しておく「時」だ。それらをまとめるのはあとから、でいい。

そんな「あとから」がいま、この書籍なのではないか、と思ったりしてる。

＊　　　＊　　　＊

われわれが全国を走り回れるようになって少し経ってから「ブーム」が起きた。蒸気機関車がなくなる、とカメラを持った俄カメラマンが線路端に押寄せた。いつもブームはなにもいいことは残さない。マスメディアが「SL、SL！」と書き立てるようになって、アマノジャクなわれわれは、わざわざ「蒸気機関車」と書くようにしたものだ。

そうだ、玉電200も「イモムシ」だの「ペコちゃん」だのと呼んだことはない。せいぜい「新車」というだけで。愛称がその車輌の持つ威厳というようなものを崩してはいけない。

話を戻して、いま頃出版するのではなくて、ブームのときに出せばよかったのに、という声を聞いた。なぜブームで発表しなかったか、逆にひと口でいってしまうと、いまになってようやく落ち着いて書籍にまとめる環境が整った、ということにほかならない。もう追いかけるべき蒸気機関車もなくなり、写真撮影のエネルギイをそのまま本づくりにシフトした、という感じかもしれない。

＊　　　＊　　　＊

いや、本当なら撮り溜めた写真、刺激を受けた情景のエッセンスをもとに模型づくりに没頭している、そんな予定だったの

名車「玉電」200の塗り分けが施された東急世田谷線301編成。

ではないか、と思ったりもする。書籍づくりはその前段階かもしれない。

先達、小野直宣先生の大きな「玉電」200のモデルを前にして、いいなあ、つくってみたいなあ、と思ったことを白状しておこう。まだまだ意欲は健在、なのだ。

とりあえず本シリーズを3冊つくって、次は待望の北海道篇をまとめようとしている。あれもこれも、まとめはじめるといろいろなテーマが出てきて困ってしまう。やはり鉄道は魅力いっぱいなのだ。

2022年春
いのうえ・こーいち

いのうえ・こーいち　著作制作図書

● 『世界の狭軌鉄道』いまも見られる蒸気機関車　全6巻　　2018〜2019年　　メディアパル
　1、ダージリン：インドの「世界遺産」の鉄道、いまも蒸気機関車の走る鉄道として有名。
　2、ウェールズ：もと南アフリカのガーラットが走る魅力の鉄道。フェスティニオク鉄道も収録。
　3、パフィング・ビリイ：オーストラリアの人気鉄道。アメリカン・スタイルのタンク機が活躍。
　4、成田と丸瀬布：いまも残る保存鉄道をはじめ日本の軽便鉄道、蒸気機関車の終焉の記録。
　5、モーリイ鉄道：現存するドイツ11の蒸気鉄道をくまなく紹介。600mmのコッペルが素敵。
　6、ロムニイ、ハイス＆ダイムチャーチ鉄道：英国を走る人気の381mm軌間の蒸機鉄道。

● 『C56 Mogul』　C56の活躍した各路線の記録、また日本に残ったうちの40輌の写真など全記録。

● 『小海線のC56』　高原のローカル線として人気だった小海線のC56をあますところなく紹介。

● 『井笠鉄道』　岡山県にあった軽便鉄道の記録。最期の日のコッペル蒸機の貴重なシーンも。

● 『頸城鉄道』　独特の車輌群で知られる新潟県の軽便鉄道。のちに2号蒸機が復活した姿も訪ねる。

● 『下津井電鉄』　ガソリンカー改造電車が走っていた電化軽便の全貌。瀬戸大橋のむかしのルート。

● 『尾小屋鉄道』最後まで残っていた非電化軽便の記録。蒸気機関車5号機の特別運転も収録する。

● 『糸魚川＋基隆』　鉄道好きの楽園と称された糸魚川東洋活性白土専用線と台湾基隆の2'蒸機の活躍。

● 『草軽電鉄＋栃尾電鉄』永遠の憧れの軽便、草軽と車輌の面白さで人気だった栃尾の懐かしい記録。

● 随時刊『鉄道趣味人』懐かしい、記録に残しておきたい鉄道情景を特集ごとに、写真と語りでまとめる。

● 季刊『自動車趣味人』3、6、9、12月に刊行する自動車好きのための季刊誌。肩の凝らない内容。

著者プロフィール
　いのうえ・こーいち　（Koichi-INOUYE）
岡山県生まれ、東京育ち。幼少の頃よりのりものに大きな興味を持ち、鉄道は趣味として楽しみつつ、クルマ雑誌、書籍の制作を中心に執筆活動、撮影活動をつづける。近年は鉄道関係の著作も多く、月刊「鉄道模型趣味」誌に連載中。主な著作に「C62 2 final」、「D51 Mikado」、「世界の狭軌鉄道」全6巻、「図説電気機関車全史」（以上メディアパル）、「図説蒸気機関車全史」（JTBパブリッシング）、「名車を生む力」（二玄社）、「ぼくの好きな時代、ぼくの好きなクルマたち」「C62／団塊の蒸気機関車」（エイ出版）、「フェラーリ、macchina della quadro」（ソニー・マガジンズ）など多数。また、週刊「C62をつくる」「D51をつくる」（デアゴスティーニ）の制作、「世界の名車」、「ハーレーダビッドソン完全大図鑑」（講談社）の翻訳も手がける。季刊「自動車趣味人」主宰。株）いのうえ事務所、日本写真家協会会員。
連絡先：mail@tt-9.com

蒸気機関車＠東京　流線型 玉電200　鉄道趣味人03　「首都圏1」

発行日　　2022年5月15日
　　　　　　初版第1刷発行

著者兼発行人　いのうえ・こーいち
発行所　株式会社こー企画／いのうえ事務所
　　　　〒158-0098　東京都世田谷区上用賀 3-18-16
　　　　　　PHONE 03-3420-0513
　　　　　　FAX　　 03-3420-0667

発売所　株式会社メディアパル（共同出版者・流通責任者）
　　　　〒162-8710　東京都新宿区東五軒町 6-24
　　　　　　PHONE 03-5261-1171
　　　　　　FAX　　 03-3235-4645

印刷　製本　株式会社 JOETSU

© Koichi-Inouye 2022

ISBN　978-4-8021-3326-5　C0065
2022 Printed in Japan

著者近影　　撮影：イノウエアキコ